まちごとインド

North India 015 Sarnath

サールナート
ブッダ説法の「鹿野苑」
सारनाथ

Asia City Guide Production

【白地図】北インド

INDIA
北インド

北インド

Sarnath 白地図

【白地図】バラナシ郊外

INDIA
北インド

バラナシ郊外

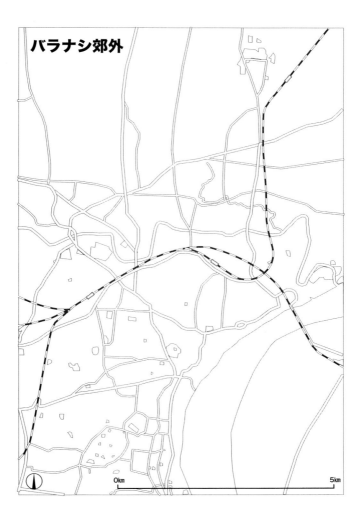

【白地図】サールナート

INDIA
北インド

サールナート

Sarnath 白地図

【白地図】サールナート遺跡

INDIA
北インド

【まちごとインド】

北インド 001 はじめての北インド
北インド 002 はじめてのデリー
北インド 003 オールド・デリー
北インド 004 ニュー・デリー
北インド 005 南デリー
北インド 012 アーグラ
北インド 013 ファテープル・シークリー
北インド 014 バラナシ
北インド 015 サールナート
北インド 022 カージュラホ
北インド 032 アムリトサル

INDIA
北インド

ヒンドゥー教の聖地バラナシの郊外に位置するサールナートは、悟りを開いたブッダがはじめてその教えを説いたところで、「初転法輪の地（初めて法の輪を転開させた）」と呼ばれる。ブッダがここを選んだのは、かつて苦行をともにした出家者5人がおり、また聖地バラナシの近くであえて自らの新しい教えを説きたかったからだとされる。

サールナートでブッダはかつてともに苦行した仲間に、八正道（正見、正思、正語、正業、正命、正精進、正念、正定）や四諦（苦諦、集諦、滅諦、道諦）と呼ばれる真理を説き、ブッ

Sarnath
サールナート
सारनाथ

ダの話を聴いていた修行者は次々に悟りを開いて、ブッダ最初の弟子となり、紀元前5世紀ごろ仏教教団が生まれた。

　その後、仏教の聖地として紀元前3世紀のアショカ王が訪れ、グプタ朝をへて12世紀にいたるまで多くの彫刻がこの地で造形されている（サールナート仏は「もっとも優美な仏像」とされる）。またブッダの生きた時代、鹿が多く棲息していたことから、日本では鹿野苑の名前で知られている。

【まちごとインド】
北インド 015 サールナート

目次

- サールナート ……………………………………………… x
- ブッダがここで話したこと ……………………………… xvi
- サールナート鑑賞案内 …………………………………… xxiv
- バラナシその近く鹿野園 ………………………………… xl

【MEMO】

Sarnath サールナート

【地図】北インド

INDIA
北インド

ブッダが
ここで話
したこと

INDIA
北インド

正しい道とはなにか、苦しみとはなにか
ブッダの話を聴いた出家者たちは
次々と悟りを開き、その弟子となった

説法への迷い

初転法輪へいたるまでにブッダが悩んだという言い伝えが残っている。ブッダガヤの菩提樹のもとで瞑想し、ついに悟りを開いたブッダ。けれどもその内容はあまりにも難解だったため、「誰も理解することはできないだろう」とその教えを人々に説くことをあきらめた。そのとき宇宙の創造神であるブラフマー神(梵天)がブッダの前に現れ、その教えを人々に説くことを懇願した。ブッダはそれを二度断ったが、三度目に「聴く耳をもつもの」への説法を決意したのだという。

Sarnath ブッダがここで話したこと

▲左　ともに苦行した5人に教えを説くブッダ。　▲右　インドでもっとも優美だとされるサールナート仏

はじめてその教えを説く

苦行をやめたブッダに対して、5人の出家者（ともに苦行していた）は「彼にあいさつしてはならない。立って迎えてはならない」と決めていたが、ブッダの姿があまりにも神々しいために彼らは敬意をもってブッダを迎えることになった。ここでブッダが説いたのは、悟りへいたるには極端をやめた中道をとるということで、「正しい見解」「正しい思惟」「正しい言葉」「正しい行ない」「正しい生活」「正しい努力」「正しい自覚」「正しい瞑想」を行なうことで解脱することができるというもの。この八正道については、『ブッダ物語』（中村元・田辺和子/岩波書店）などにくわしい。

【地図】バラナシ郊外の ［★★★］
□　サールナート遺跡 Sarnath

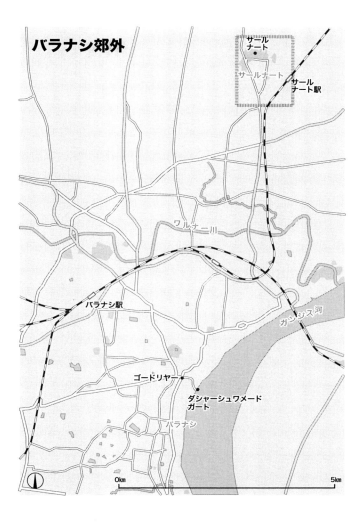

【地図】サールナート

【地図】サールナートの [★★★]
- [ ] サールナート遺跡 Sarnath

【地図】サールナートの [★★☆]
- [ ] ダメーク・ストゥーパ Dhamekh Stupa
- [ ] サールナート考古学博物館 Sarnath Archaeological Museum
- [ ] チャウカンディ・ストゥーパ Chaukhandi Stupa

【地図】サールナートの [★☆☆]
- [ ] ムルガンダ・クティ・ヴィハール（根本香積寺）Mulgandha Kuti Vihar
- [ ] 鹿野苑 Deer Park

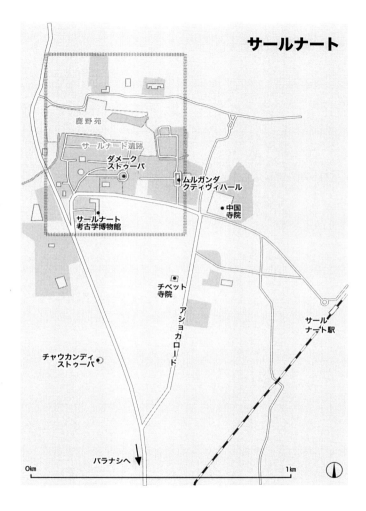

INDIA
北インド

▲左　バラナシの北郊外に位置するサールナート。　▲右　ストゥーパは仏舎利をおさめる目的で建てられた

仏教教団の誕生

ブッダの話に耳をかたむけていた5人の出家者のうち、最初にコンダンニャが悟りを開いて「コンダンニャは悟った」「コンダンニャは悟った」と叫んだ。それから残りの4人も次々と悟り、この5人がブッダの最初の弟子となった。「仏」「法」「僧」の三法が生まれたことから、サールナートの初転法輪をもって仏教の歴史がはじまったとも言われる。はじめは5人の教団（サンガ）だったが、旅をしながらその教えを説いたブッダのもとには多くの信者が身をよせるようになった。

仏教四大聖地

ルンビニ
ブッダが生まれた「生誕の地」

ブッダガヤ
悟りを開いた「成道の地」

サールナート
はじめて教えを説いた「初転法輪の地」

クシナガル
涅槃へいたった「入滅の地」

Guide, Sarnath

サールナート
鑑賞案内

INDIA
北インド

高さ40mを超すダメーク・ストゥーパ
優雅な笑みをたたえるサールナート仏
褐色の大地に遺構が点在する

सारनाथ；サールナート遺跡 Sarnath ［★★★］

ブッダがはじめて説法を行なった初転法輪の地は、紀元前3世紀のアショカ王の時代から仏教信仰の中心地となり、仏教四大聖地に数えられている。ヒンドゥー教に吸収されるなどして13世紀以後、仏教は衰退したため、ここサールナートは、20世紀になって発掘されるまで数本の樹木が残るだけの草むらが広がっていた。現在は東西300m、南北200mの敷地内にダメーク・ストゥーパはじめ、仏教を保護したクシャン朝からパーラ朝にかけての遺構が残っている。

▲左　かつての僧院の基壇が残る。　▲右　サールナートを象徴する建築、ダメーク・ストゥーパ

धामेक स्तूप ;
ダメーク・ストゥーパ Dhamekh Stupa ［★★☆］

サールナートの象徴的建物となっているダメーク・ストゥーパ。ダメークとは「法を観ずること」を意味する。高さ44mのストゥーパは、直径28mの巨大な円筒形基部のうえに、それより少し細い円筒が載る特徴的な姿をしている（上部はくずれてしまった）。5～6世紀ごろに建てられたものだとされ、下部の壁面にはグプタ朝時代の唐草文様、幾何学文様の装飾がほどこされている。

INDIA
北インド

धर्मराजिका स्तूप ; ダルマラージカ・ストゥーパ跡
Dharmarajika Stupa [★☆☆]

ダルマラージカ・ストゥーパは紀元前3世紀のアショカ王に建てられた小さな塔を中心に、何度もおおうように増改築された（精舎の遺構も残る）。1794年、バラナシ藩王の宰相であったジャガット・シンがレンガを転用したため破壊され、埋葬されていた舎利容器もガンジス河に流されてしまった。玄奘三蔵は「精舎の西南に石造りの窣堵波がある。無憂王が建てたものである。基壇は崩れ傾いているが、今も百尺に余るほどである」（『大唐西域記』）と記している。

【MEMO】

【地図】サールナート遺跡

【地図】サールナート遺跡の [★★★]
- [ ] サールナート遺跡 Sarnath

【地図】サールナート遺跡の [★★☆]
- [ ] ダメーク・ストゥーパ Dhamekh Stupa
- [ ] サールナート考古学博物館 Sarnath Archaeological Museum

【地図】サールナート遺跡の [★☆☆]
- [ ] ダルマラージカ・ストゥーパ跡 Dharmarajika Stupa
- [ ] アショカ王の石柱 Ashoka Pillar
- [ ] ムルガンダ・クティ・ヴィハール（根本香積寺）Mulgandha Kuti Vihar
- [ ] 鹿野苑 Deer Park
- [ ] ジャイナ寺院 Jain Temple

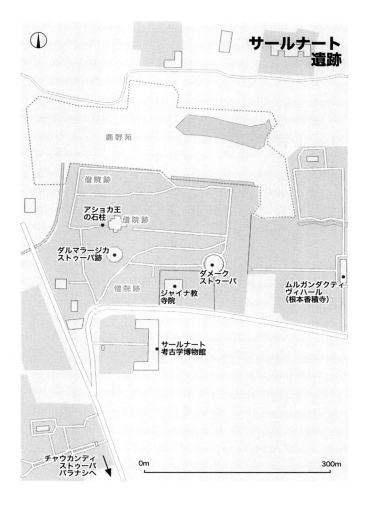

▲左　アショカ王によって建立された石柱。　▲右　石柱はバラナシ近くのチュナール産でガンジス水系で運ばれた

अशोक स्तंभ；アショカ王の石柱 Ashoka Pillar ［★☆☆］

仏教に帰依し、各地にストゥーパを建てるなど仏教を保護したアショカ王の石柱。いくつかに折れ、周囲を冊で囲まれている。紀元前3世紀にこの石柱が建てられたときには、上部に獅子の像（インドの国章となっている）が載っていたが、現在は考古学博物館に展示されている。サールナートやルンビニなど各地にアショカ王の石柱が建立されたが、これらの石柱はバラナシの南に位置するチュナールで制作され、ガンジス河の水利を使って運ばれたという。

मूलगंध कुटी विहार；ムルガンダ・クティ・ヴィハール（根本香積寺）Mulgandha Kuti Vihar ［★☆☆］

サールナートが「発見」された後の1931年、新たに建立されたムルガンダ・クーティ寺院。建立はマハーボディ協会により、堂内には日本人画家の野生司香雪による仏画があることが知られる。横はばに対して、高さのある寺院となっている。

डीअर पार्क；鹿野苑 Deer Park ［★☆☆］

サールナートの地名は、シヴァ神の化身である「サーランガ・

▲左 インド美術の白眉サールナート仏。　▲右　ムルガンダ・クティ・ヴィハール（根本香積寺）

ナータ（鹿の主）」に由来し、ブッダが生きた時代、サールナートには多くの野鹿が棲息していた。当時、このあたりには森が茂り、出家者が苦行を行なっていたが、バラナシのブラフマダッタ王が「鹿の園」として整備したという。4〜5世紀に生きた中国の仏教僧法顕は「バーラーナシー城の東北十里ばかりの処に、仙人鹿野苑精舎がある。この苑にはもと辟支仏が住んでおり、常に野鹿がここに棲息していた」と記録している。日本では鹿野苑の名前は広く知られ、奈良公園の鹿は、サールナートをモチーフとしている。

INDIA
北インド

सारनाथ संग्रहालय ; サールナート考古学博物館
Sarnath Archaeological Museum [★★☆]

「インドでもっとも優美」とたたえられるサールナート仏はじめ、サールナートで発掘された美術品を中心に展示された考古学博物館。獅子、牛、象、馬の聖獣と法輪が彫られた紀元前3世紀のアショカ王の石柱、その上部にあった背中をあわせた4頭の獅子像、「歴史上はじめて仏像がつくられた」クシャン朝時代の高さ2.4mの仏立像(マトゥラーで制作され、カニシカ王3年の銘をもつ)、インドの美術が花開いたグプタ朝時代の転法輪印を結ぶ仏坐像(身体に密着した薄い

▲左　見応えあるサールナート考古学博物館。　▲右　インドの国章にも描かれたアショカ王による獅子

衣が特徴）などインド美術の傑作が見られる。

アショカ王のライオン像

マウリヤ朝時代につくられたアショカ王の石柱の上部に載っていた背中あわせの4頭の獅子は、現在、インドの国章にもなっている。サールナートでは、この獅子像がほぼ完全なかたちで出土し、紀元前3世紀にさかのぼる貴重な彫刻を見ることができる。

INDIA
北インド

『大唐西域記』が伝えるサールナート

サールナートの伽藍の様子は、7世紀にこの地を訪れた中国人仏教僧玄奘三蔵の記録でみることができる。「婆羅痆河より東北へ行くこと十余里で鹿野伽藍(サールナート)に至る。区界は八つに分かれ、垣を連ねて周囲に廻らしている。幾層にもした軒、何階にもした閣は、その麗わしき構造を極めたものである。僧徒は一千五百人、みな小乗の正量部の教えを学んでいる」と玄奘は記している。

Sarnath サールナート鑑賞案内

▲左　鹿がいた鹿野園、奈良大仏の鹿はサールナートに由来する。　▲右　サールナートに残るチャウカンディ・ストゥーパ

जैन मंदिर；ジャイナ寺院 Jain Temple ［★☆☆］

仏教聖地サールナートには、仏教とほとんど同じ時代、同じ場所に生まれたジャイナ教の寺院も見ることができる。このジャイナ寺院は白衣派のもので、本体上部にそびえる尖塔が印象的となっている。

INDIA
北インド

चौखंडी स्तूप ;
チャウカンディ・ストゥーパ Chaukhandi Stupa [★★☆]

遺跡から少し離れたところ、5人の出家者がブッダを迎えたと伝えられる丘に立つストゥーパ。八角形の様式は、ムガル帝国のアクバル帝によるもの。ムガル帝国第2代フマユーン帝が危機に陥ったとき、尼僧の助けで皇帝は仏塔の頂上で身を隠して難を逃れた。のちにフマユーン帝は勢力を盛り返して、続くアクバル帝の時代にムガル帝国は黄金期を迎えた。

バラナシ
その近く
鹿野園

INDIA
北インド

ブッダがその教えをはじめて説いたサールナート
そこはヒンドゥー教最大の聖地バラナシにごく近い
ブッダはこの地をあえて選んだのだろうか

バラモンの時代

雷や水、火といった自然を神格化した『ヴェーダ』の宗教をもったアーリア人は、紀元前1500年ごろにインドに侵入し、先住民族を武力で制圧するようになっていた。このアーリア人がガンジス河中流域に進出したのが紀元前1000年ごろで、やがて先住民と混血しながら、その宗教体系を整えていった。その教えはバラモン（司祭）、クシャトリヤ（武士）、ヴァイシャ（商人）、シュードラ（奴隷）という身分制度がもとになり、バラモンによる祭祀で人々は救済されるというものだった。これが後にヒンドゥー教へと展開するバラモン教で、バラナ

▲左 ブッダは沐浴することに疑問を唱えた。 ▲右 出家者たちがブッダを迎えた場所に立つチャウカンディ・ストゥーパ

Sarnath バラナシその近く鹿野園

シは古くからバラモン教の聖地となっていた。

新たな思想の誕生

紀元前5世紀ごろになると、都市が形成されるようになり、王族や商人をはじめとする新たな層が台頭した。「祭祀によって救済される」といったそれまでのバラモン教に対し、社会の変化にこたえるように新たな思想がいくつも生まれていた。仏教を創始したブッダやジャイナ教を創始したマハービーラは、ともにバラモン階級ではなくクシャトリヤ階級の出身で、その宗教は王族や商人などの新たな層に浸透して

Sarnath　バラナシその近く鹿野園

いった。そのためブッダがバラナシ(バラモン教の聖地)近くのサールナートで最初の説法を行なったという事実は、バラモン教を意識したものだと考えられている。

祭祀で救済されるか

ガンジス河に面したバラナシのガート(岸辺)では、現在でも沐浴して自らを清める人々の姿が見られる。ブッダは宗教的行為としての沐浴に疑問を感じ、「河の水で沐浴することで清められるなら、もっとも徳の高いのは河に住む魚である」と考えていたという。そのほかにも生贄を捧げる火を使った

INDIA
北インド

祭祀による救済、生まれながら尊いとされたバラモン階級にある人々に対して否定的で、「(祭祀や生まれでなく)人はその行ないによって解脱へいたる」といった教えを広めたとされる。こういった仏教の教えは、当時のインドにあって、それまでの価値観をくつがえすような思想をもっていた。

ヤサの帰依

ブッダが生きた時代、バラナシは経済的に豊かな商人が多く暮らす商業都市で、そのなかでも有名な商人の息子にヤサという青年がいた。ヤサは贅沢な暮らしを送っていたが、満たされる

▲左　ブッダの時代からしばらくして仏像が彫られるようになった。　▲右　あたりはガンジス平原が広がる

ことなく、ある日、バラナシ郊外をひとりで歩いていた。そんな姿を見たブッダは、ヤサのために説法を行ない、「貧しい人や宗教者に与えることの大切さ（施論）」「自分の欲をおさえ道徳を守ることの大切さ（戒論）」「こうした行ないをしていれば天に召されること（生天論）」を説いた。ブッダの教えに感銘を受けたヤサは出家を決意し、続いてヤサを探しに来た父親も仏教に帰依した。こうしてヤサの家族は在家信者として仏教教団の経済支援を行なうことになった。ヤサの一家が仏教に帰依したという知らせは、またたくまにバラナシ中に広まり、ブッダとその教えは多くの信者を獲得するようになったという。

Sarnath　バラナシその近く鹿野園

参考文献

『ゴータマ・ブッダ』(中村元 / 春秋社)

『ガンジスの聖地』(中村元・肥塚隆 / 講談社)

『仏陀を歩く』(白石凌海 / 講談社)

『北インド』(辛島昇・坂田貞二 / 山川出版社)

『インド建築案内』(神谷武夫 /TOTO 出版)

『世界大百科事典』(平凡社)

まちごとパブリッシングの旅行ガイド
Machigoto INDIA , Machigoto ASIA , Machigoto CHINA

【北インド - まちごとインド】

001 はじめての北インド
002 はじめてのデリー
003 オールド・デリー
004 ニュー・デリー
005 南デリー
012 アーグラ
013 ファテープル・シークリー
014 バラナシ
015 サールナート
022 カージュラホ
032 アムリトサル

【西インド - まちごとインド】

001 はじめてのラジャスタン
002 ジャイプル
003 ジョードプル
004 ジャイサルメール
005 ウダイプル
006 アジメール（プシュカル）
007 ビカネール
008 シェカワティ
011 はじめてのマハラシュトラ
012 ムンバイ
013 プネー
014 アウランガバード
015 エローラ
016 アジャンタ
021 はじめてのグジャラート
022 アーメダバード
023 ヴァドダラー（チャンパネール）
024 ブジ（カッチ地方）

【東インド - まちごとインド】

002 コルカタ
012 ブッダガヤ

【南インド - まちごとインド】

001 はじめてのタミルナードゥ
002 チェンナイ
003 カーンチプラム
004 マハーバリプラム
005 タンジャヴール
006 クンバコナムとカーヴェリー・デルタ
007 ティルチラパッリ
008 マドゥライ
009 ラーメシュワラム
010 カニャークマリ
021 はじめてのケーララ
022 ティルヴァナンタプラム
023 バックウォーター（コッラム〜アラップーザ）
024 コーチ（コーチン）
025 トリシュール

【ネパール - まちごとアジア】

001 はじめてのカトマンズ
002 カトマンズ
003 スワヤンブナート

004 パタン
005 バクタプル
006 ポカラ
007 ルンビニ
008 チトワン国立公園

【バングラデシュ - まちごとアジア】

001 はじめてのバングラデシュ
002 ダッカ
003 バゲルハット（クルナ）
004 シュンドルボン
005 プティア
006 モハスタン（ボグラ）
007 パハルプール

【パキスタン - まちごとアジア】

002 フンザ
003 ギルギット（KKH）
004 ラホール
005 ハラッパ
006 ムルタン

【イラン - まちごとアジア】

001 はじめてのイラン
002 テヘラン
003 イスファハン
004 シーラーズ
005 ペルセポリス
006 パサルガダエ（ナグシェ・ロスタム）
007 ヤズド
008 チョガ・ザンビル（アフヴァーズ）
009 タブリーズ

010 アルダビール

【北京 - まちごとチャイナ】

001 はじめての北京
002 故宮（天安門広場）
003 胡同と旧皇城
004 天壇と旧崇文区
005 瑠璃廠と旧宣武区
006 王府井と市街東部
007 北京動物園と市街西部
008 頤和園と西山
009 盧溝橋と周口店
010 万里の長城と明十三陵

【天津 - まちごとチャイナ】

001 はじめての天津
002 天津市街
003 浜海新区と市街南部
004 薊県と清東陵

【上海 - まちごとチャイナ】

001 はじめての上海
002 浦東新区
003 外灘と南京東路
004 淮海路と市街西部
005 虹口と市街北部
006 上海郊外（龍華・七宝・松江・嘉定）
007 水郷地帯（朱家角・周荘・同里・甪直）

【河北省 - まちごとチャイナ】

001 はじめての河北省
002 石家荘
003 秦皇島
004 承徳
005 張家口
006 保定
007 邯鄲

【江蘇省 - まちごとチャイナ】

001 はじめての江蘇省
002 はじめての蘇州
003 蘇州旧城
004 蘇州郊外と開発区
005 無錫
006 揚州
007 鎮江
008 はじめての南京
009 南京旧城
010 南京紫金山と下関
011 雨花台と南京郊外・開発区
012 徐州

【浙江省 - まちごとチャイナ】

001 はじめての浙江省
002 はじめての杭州
003 西湖と山林杭州
004 杭州旧城と開発区
005 紹興
006 はじめての寧波
007 寧波旧城
008 寧波郊外と開発区
009 普陀山
010 天台山
011 温州

【福建省 - まちごとチャイナ】

001 はじめての福建省
002 はじめての福州
003 福州旧城
004 福州郊外と開発区
005 武夷山
006 泉州
007 厦門
008 客家土楼

【広東省 - まちごとチャイナ】

001 はじめての広東省
002 はじめての広州
003 広州古城
004 天河と広州郊外
005 深圳（深セン）
006 東莞
007 開平（江門）
008 韶関
009 はじめての潮汕
010 潮州
011 汕頭

【遼寧省 - まちごとチャイナ】

001 はじめての遼寧省
002 はじめての大連
003 大連市街
004 旅順
005 金州新区

006 はじめての瀋陽
007 瀋陽故宮と旧市街
008 瀋陽駅と市街地
009 北陵と瀋陽郊外
010 撫順

【重慶 - まちごとチャイナ】

001 はじめての重慶
002 重慶市街
003 三峡下り（重慶〜宜昌）
004 大足

【香港 - まちごとチャイナ】

001 はじめての香港
002 中環と香港島北岸
003 上環と香港島南岸
004 尖沙咀と九龍市街
005 九龍城と九龍郊外
006 新界
007 ランタオ島と島嶼部

【マカオ - まちごとチャイナ】

001 はじめてのマカオ
002 セナド広場とマカオ中心部
003 媽閣廟とマカオ半島南部
004 東望洋山とマカオ半島北部
005 新口岸とタイパ・コロアン

【Juo-Mujin（電子書籍のみ）】

Juo-Mujin 香港縦横無尽
Juo-Mujin 北京縦横無尽
Juo-Mujin 上海縦横無尽

【自力旅游中国 Tabisuru CHINA】

001 バスに揺られて「自力で長城」
002 バスに揺られて「自力で石家荘」
003 バスに揺られて「自力で承徳」
004 船に揺られて「自力で普陀山」
005 バスに揺られて「自力で天台山」
006 バスに揺られて「自力で秦皇島」
007 バスに揺られて「自力で張家口」
008 バスに揺られて「自力で邯鄲」
009 バスに揺られて「自力で保定」
010 バスに揺られて「自力で清東陵」
011 バスに揺られて「自力で潮州」
012 バスに揺られて「自力で汕頭」
013 バスに揺られて「自力で温州」

【車輪はつばさ】
南インドのアイラヴァテシュワラ寺院には建築本体に車輪がついていて寺院に乗った神さまが人びとの想いを運ぶと言います。

・本書はオンデマンド印刷で作成されています。
・本書の内容に関するご意見、お問い合わせは、発行元の
　まちごとパブリッシング info@machigotopub.com までお願いします。

まちごとインド
北インド015サールナート
~ブッダ説法の「鹿野苑」［モノクロノートブック版］

2017年11月14日　発行

著　者	「アジア城市（まち）案内」制作委員会
発行者	赤松　耕次
発行所	まちごとパブリッシング株式会社 〒181-0013　東京都三鷹市下連雀4-4-36 URL http://www.machigotopub.com/
発売元	株式会社デジタルパブリッシングサービス 〒162-0812　東京都新宿区西五軒町11-13 清水ビル3F
印刷・製本	株式会社デジタルパブリッシングサービス URL http://www.d-pub.co.jp/

MP009

ISBN978-4-86143-143-2 C0326　　　　Printed in Japan
本書の無断複製複写（コピー）は、著作権法上での例外を除き、禁じられています。